IMPRESSUM

Herausgeber

MEDI-LEARN Verlag GbR
Hamburger Chaussee 345, 24113 Kiel
Tel. 0431/ 78025-0
E-Mail: cartoons@medi-learn.de

Cartoons

Daniel Lüdeling

Redaktion

Christian Weier, Christian Gottschalk, Kristina
Junghans, Anastasia Pfeffer, Sabine Herold,
Cornelia Krämer

Layout

Kristina Junghans, Jan Ole Gatzert

Satz

Anastasia Pfeffer, Christian Gottschalk,
Kristina Junghans, Fritz Roth

Druck

Druckerei Willy Gröer GmbH & Co.KG

© 2024 MEDI-LEARN Verlag GbR, Kiel
ISBN: 978-3-95658-129-8

Vorwort

Wir haben wieder alles gegeben in der 15. Auflage unseres Cartoonbuchs, um für ein breites Grinsen in deinem Gesicht zu sorgen. Dich erwartet ein buntes Potpourri in Form von 100 Cartoons und somit die perfekt abgestimmte Dosis an Humor für eine Fülle an Glücksgefühlen.

Egal aus welchem medizinischen Bereich du kommst, wir haben sicher eine Momentaufnahme aus deinem Arbeitsalltag in Form eines Cartoons. Und wenn nicht? Dann sind wir immer offen für Gedanken und Einfälle, die wir im nächsten Buch mit umsetzen können.

Gerne kannst du deine Erlebnisse und Ideen auch mit uns und der Community auf den sozialen Medien teilen – einfach über den Hashtag #MEDILEARNCARTOON. Gerne aber auch via E-Mail an cartoons@medi-learn.de.

Und nun viel Vergnügen beim Lachen und Tanken von Glücksgefühlen.

Daniel Lüdeling   Kristina Junghans

Vorstellung Cartoonist Daniel Lüdeling

Geboren am 30. Dezember 1974 in Garmisch-Partenkirchen und aufgewachsen in Ostwestfalen, entdeckte Daniel Lüdeling erst im zarten Alter von 14 Jahren seine Begeisterung für Comics und Cartoons. Zu dieser Zeit investierte er fast sein gesamtes Taschengeld in den Erwerb hochwertiger Comicalben aus dem Hause Carlsen: Tim und Struppi von Hergé, Spirou und Fantasio von Franquin oder weitere großartige Zeichner der französisch-belgischen Szene. Noch heute füllen diese Cartoonalben mehrere Regale in seinem Haus in Bielefeld.

Irgendwann erfüllte ihn der reine Konsum lustiger Bildgeschichten nicht mehr und so landete er schließlich im Redaktionsteam der jungen Schülerzeitung „West-Side-Story". Diese (übrigens später in „Virus" umbenannte) Zeitung feierte 1984 in der Anne-Frank-Gesamtschule Gütersloh ihre erste Auflage und bot dem Zeichner eine kreative Spielwiese. Erste Figuren entstanden, aus Strichmännchen wurden Charaktere und inspiriert durch die zahlreichen Comics, wurde einfach viel ausprobiert.

Mit dem Abitur 1995 hatte Daniel Lüdeling einen eigenen Zeichenstil entwickelt, der ein recht hohes Maß der Wiedererkennung bot: dicke Eieraugen mit einer runden Knubbelnase und diesem viel zu großen Mundwerk. Zum Glück nicht äußerlich, aber ganz sicher thematisch, passten sich die Figuren dem weiteren Werdegang ihres zeichnerischen Vaters an. In der Ausbildung zum Rettungssanitäter beim Bielefelder ASB erlebten die Cartoonfiguren plötzlich wilde Abenteuer in roten Jacken und mit Blaulicht, nur um kurz darauf im weißen Kittel durch die Mühlen des Medizinstudiums gedreht zu werden. Gemeinsam mit Daniel erreichten die Cartoons 2002 die ärztliche

Approbation, um fortan den Arbeitsbereich der Anästhesie, Intensiv- und Notfallmedizin unsicher zu machen. Die Marke „Rippenspreizer" war geboren und die Cartoons traten ihren Siegeszug durchs damals noch recht junge Internet an.

Ungefähr zu dieser Zeit ergab sich eine gute Kooperation mit MEDI-LEARN, einem sympathischen und zukunftsorientierten Unternehmen, welches schon früh verstanden hatte, dass gute Medizin immer auch eine Portion Humor benötigt. Und so entwickelte sich über den „Rippenspreizer" die Marke MEDI-LEARN Cartoons. Alle Cartoons werden nach wie vor von Daniel Lüdeling gezeichnet und koloriert. Seit 2016 entstehen alle Cartoons mit Adobe Draw bzw. Illustrator auf dem iPad Pro. In einem nächsten Schritt werden die Cartoons vom MEDI-LEARN-Team in Kiel für weitere Aufgaben aufbereitet und zum Beispiel in diesem Buch veröffentlicht. Mit einer Cartoon-Premium-Mitgliedschaft unterstützt du diese Arbeit und hilfst uns, den Spaß und Humor in der Medizin am Leben zu erhalten.

Heute lebt Daniel Lüdeling gemeinsam mit seiner Frau, zwei Kindern und einem Hund in Bielefeld.

Er ist zwar Facharzt für Anästhesie, Intensiv- und Notfallmedizin, hat aufgrund der unschönen Arbeitsbedingungen den Klinikalltag allerdings 2016 hinter sich gelassen. Neben ein paar Notarztdiensten widmet er sich nun schwerpunktmäßig seinen Cartoons sowie der notfallmedizinischen Aus-, Fort- und Weiterbildung.

Mehr Infos findest du hier:

MEDI-LEARN Präklinik
www.medi-learn.de/praeklinik

FaktorMensch
www.faktormens.ch

Mehr dazu erfährst du unter:
www.medi-learn.de/premium

3   Adenosin

4 DNR-Verfügung

Typ 8: Hobbyretter:in

Für eine wirkliche Qualifikation hat es nie gereicht und so begründet sich die Expertise von Hobbyrettenden auf einen in den letzten 20 Jahren mühsam erarbeiteten Status zum „San-B". Immerhin ist man so durch beharrliche Treue innerhalb der eigenen Hilfsorganisation zur stellvertretenden Leitung des Materiallagers geworden.

Im echten Leben arbeitet ein:e Hobbyretter:in als Hausmeister:in bei einer großen Krankenkasse, kennt sich also gut aus im medizinischen Bereich. In der Freizeit verbringt man neben der Funktion als Erste-Hilfe-Dozent:in jede freie Minute auf Sanitätsdiensten. Egal ob es sich um das Fußballderby des SV Pusemuckel oder die Jahreshauptversammlung der Rassegeflügel-Züchter handelt – ein Mensch dieses Typs ist sich für nix zu schade und stets pflichtbewusst dabei. Jährliches Highlight ist die RettMOBIL in Fulda, wo man Gleichgesinnte trifft und insgeheim darauf hofft, dass vielleicht doch der prominent am Gürtel platzierte Funkempfänger alarmiert.

7   Adrenalinreserve

8   Vogelperspektive

Typ 10: Medic

Lebensraum der Medics ist die rote Zone und hier geht es um „taktische" Medizin. Sie leben in der Lage, ob Amok oder Terror - Hauptsache Adrenalin! Menschen des Typs Medic sind ein wesentlicher Bestandteil polizeilicher oder militärischer Spezialkräfte, mitunter nennt man sie auch schlichtweg „Sanis".

Natürlich immer dabei: Tourniquets, Celox-Gaze und das Koniotomie-Set. Der Algorithmus ist MARCH, das Vokabular meist Englisch; beim „Med-Evac" und in der „Drop Zone" geht es fast immer um „Load, Go & Treat". Für die Medics ist „Care under Fire" nicht nur Arbeitsplatzbeschreibung, sondern auch Lebenseinstellung. Dazu gehört neben der mentalen Stabilität auch körperliche Fitness, daher trifft man sie häufig bei Ultra-Marathon- und Though-Guy-Wettkämpfen an. Weitere Events sind TCCC-Kurse oder die TREMA. Dort ist die Camouflage-Community unter sich, tauscht martialische Patches aus, besucht Taser-Workshops und trainiert die Minithorakotomie mit dem Leatherman.

16 Simulationstraining

Typ 5: Der Silberrücken

In der Welt des Silberrückens gibt es noch Stiftneck, Nitrospray und den guten alten Bodycheck. Früher war ja auch nicht alles schlecht. Die Karriere begann meist Anfang der 1990er Jahre, beim männlichen Teil der Bevölkerung mit dem Zivildienst. Die Anerkennungsurkunde vom RettSan zum RettAss wurde von Prof. Sefrin persönlich unterschrieben! Immerhin war man damals noch Rettungsassistent:in und kein:e Möchtegern-Notärztin oder -arzt wie die heutigen Notfallsanitäter:innen.

Mit den Grundlagen von „Gorgaß & Ahnefeld" und dem „Ulmer Koffer" konnte man genauso viel Medizin machen und so schnell stirbt es sich ohnehin nicht. Statt eines Debriefing wird nach jedem Einsatz erstmal eine Zigarette geraucht und Geschichten von „Früher" erzählt. Wie ein Fels in der Brandung sitzt ein Mensch des Typs Silberrücken jegliche Innovation aus. Emotionalität kommt nur auf, wenn über gendergerechte Sprache, vegane Ernährung oder Elektro-RTWs diskutiert wird. Meist ist nach Meinung der Menschen dieses Typs mit der „Generation Z ohnehin kein Krieg mehr zu gewinnen".

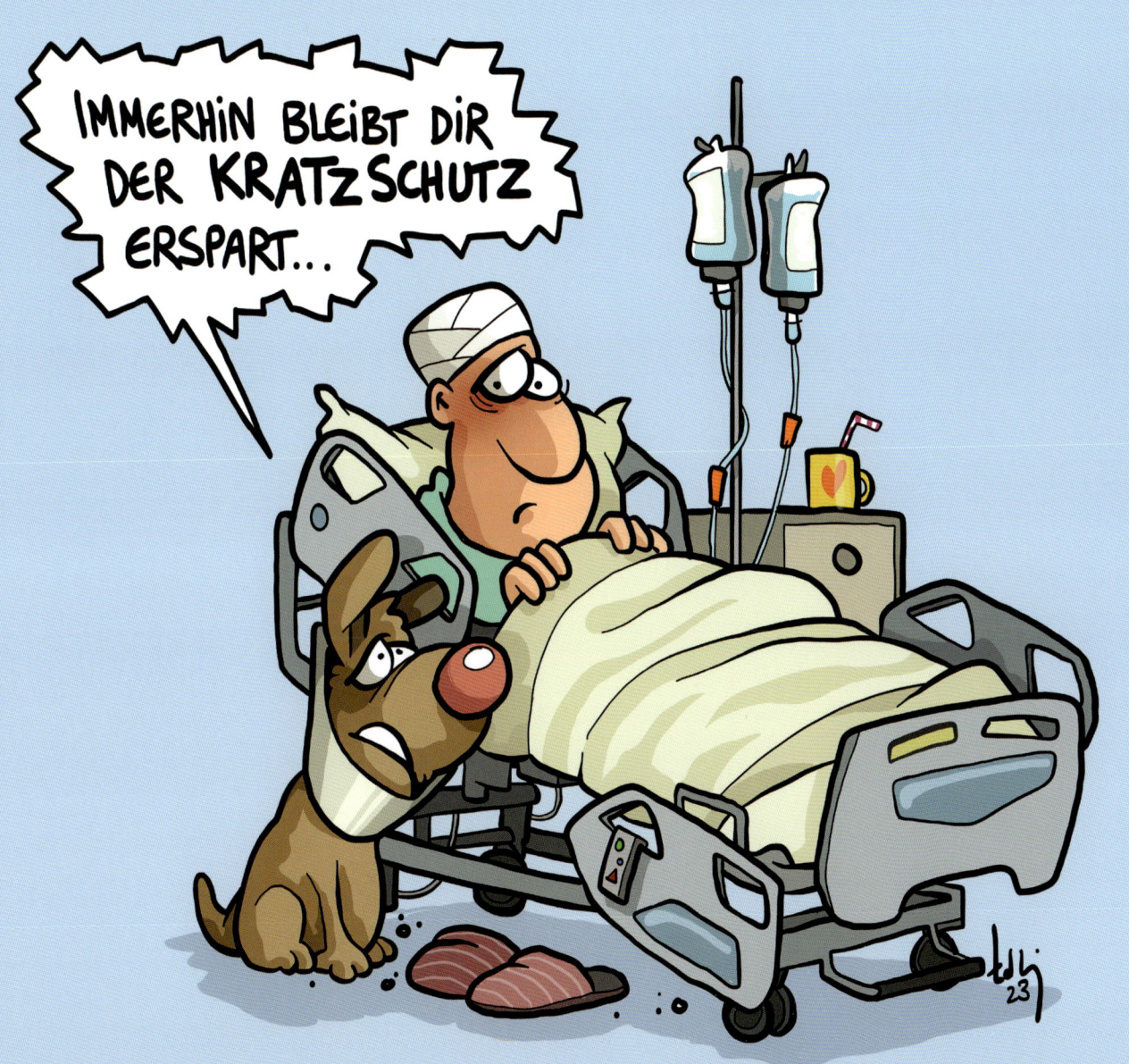

Typ 11: Die Wasserrettung

Bis auf die Badehose nass zu sein, ist bei der Wasserrettung ein durchaus erstrebenswerter Zustand. Vorzugsweise in den Sommermonaten trifft man Wasserretter:innen an überfüllten Stränden oder Badeseen an. Ausgestattet mit Sonnenbrille, Rettungsboje und Fernglas sorgen sie für Sicherheit am sowie im Wasser. Solange die rotgelbe Flagge weht, ist „auf dem Turm" immer was los; mit dem Fernglas wird der Strand regelmäßig auf mögliche Gefahren abgesucht, gerade im FKK-Bereich kann man nicht aufmerksam genug sein!

Gelegentlich lassen die Wasserretter:innen auch mal den Jetski oder das Boot zu Wasser, um Präsenz zu zeigen — bei der DGzRS auch etwas größere Boote. Die medizinischen Herausforderungen bleiben allerdings überschaubar: Sonnenbrand, eine Scherbe im Fuß oder auch der Kontakt mit ekeligen Quallen — alles kein Problem für die Wasserrettung. Wäre da nicht dieser nervige Sand, den man am Ende des Tages in jeder Körperritze spürt ...

29 Ablösung

Morgens beim Schichtwechsel …

Es gibt 2 Arten von Rettungsdienstlern:

35   Instant Anesthestist

37   Kein Pony

KiTa „Sonnenschein", dort vermtl. Gebäude eingestürzt - - Unbekannte Anzahl Verletzer

NAK-Alarm

One-Night-Stent

Lässiger Anästhesist

Frühmobilisierung

55 Weihnachtsbaumnotfall

Typ 6: Scheißemagnet

Schicksalhafte und meist sehr tragische Ereignisse korrelieren auf bizarre Weise mit dem Dienstplan des Scheißemagnets. Wer hatte denn Dienst, als letztes Jahr der Reisebus mit der komplett antikoagulierten Koronarsportgruppe den Abhang herabstürzte? Oder der A380 die Notlandung auf der Kölner Domplatte hinlegte? Unvergessen auch die Detonation einer seit den 1980er Jahren verschollenen Atombombe!

Wenn man als Mensch dieses Typs ein paar Tage frei hat, können sich auch Notfallseelsorger, das Havariekommando oder die GSG 9 entspannt zurücklehnen.

Niemand will mit dieser Person auf dem RTW eingeteilt sein, ein Diensttausch ist aber ebenso zwecklos wie das Erbringen von Tieropfern zur Besänftigung der Chaos-Götter. Und dabei sieht sie so harmlos aus ...

Typ 7: Minimalist:in

Hier zählt der Ersteindruck. Hautfarbe, maximal ein Pulsoxy-Clip und ein:e Minimalist:in weiß Bescheid. Lediglich die Anamnese der letzten Stunden ist interessant. Man könnte 90% der Vormedikation streichen, ohne dass irgendetwas passieren würde. Das letzte 12-Kanal EKG hat wurde 2008 aufgeklebt und der Grundsatz lautet: Wer zwei gesunde Beine hat, kann laufen! Die Atemnot besteht vermutlich schon seit Wochen, daran hat sich der Körper also ohnehin gewöhnt.

Als Mensch des Typs Minimalist:in sieht man sich primär als Anbieter:in einer Transportdienstleistung und ist davon überzeugt, dass medizinische Maßnahmen bei Fahrtzeiten unter 30 Minuten gar keinen Sinn machen. Der Algorithmus lautet ABC: Abwarten, Bagatellisieren, Chauffieren.

Typ 2: Rambo

Beim Zugunglück von Eschede wollte Rambo bereits mit dem Schulsanitätsdienst ausrücken. Am ersten Praktikumstag in der Rettungssanitäter:innen-Ausbildung bleibt diese Person ständig mit dem überladenen Gürtelholstern in der RTW-Tür hängen.

Typ Rambo macht keine Gefangenen; wer randaliert wird relaxiert und der Tubus muss geblockt sein, bevor die Notärztin/der Notarzt die Einsatzstelle betritt. Typ Rambo ist der Pitbull unter den Rettenden. Anamnese und Begleitumstände sind für Menschen dieses Typs so lästig wie der Beipackzettel von Aspirin. Klassische Ausrüstungsgegenstände sind ein Filzstift (Sichtung beim MANV), Teleskop-Stab (gegen Gaffende) und eine Geflügelschere (Clamshell). Begriffe wie „Indikation" oder „Verhältnismäßigkeit" sind Rambo fremd und im Zweifel hat die Patientin/der Patient ja mit der Scheiße angefangen!

ORiGiNAL

ChatGPT

Von Mutti angezogen

Typ 1: Das Brain

Schon im Kindergarten fällt „Das Brain" mit Fragen zur ATP-Synthese auf. Sechs Jahre Medizin zu studieren erscheint Menschen dieses Typs zu langwierig, die Notfallsanitäter:innen-Ausbildung kann aber mit Hilfe einer Sonderregelung bereits nach zwei Jahren erfolgreich abgeschlossen werden. Zeitgleich mit der Masterarbeit zu multimeren Adhäsivproteinen, speziell dem Von-Willebrand-Faktor.

Die Auflistung aller Subtypen des Cytochrom P450 fällt dieser Person ebenso leicht wie das Determinieren von Delta-Wellen im EKG. Aufgrund des Konsums internationaler Fachzeitschriften und FOAM-Beiträgen entsteht im rettungsdienstlichen Alltag oftmals ein Gefühl der Unterforderung. Gleichzeitig überfordert man mit eigenen Vorschlägen (insbesondere die Notärztinnen und Notärzte) stark.

Dennoch wird gerne die Expertise des Brains genutzt bei schwierigen Fragestellungen, wenn auf der Einweisung beispielsweise Dinge wie „Progressive multifokale Leukenzephalopathie" stehen.

Dicker Anästhesist

Schmetterlinge

* Entomologie = Insektenkunde

Puls im Rettungsdienst

Merry Crisis

MvW-Verkehrsunfall

Typ 3: CRM-Fan

Bereits beim Start der Kaffeemaschine fordern CRM-Fans einen Cross-Check ein, um Fehler in der Zubereitung zu vermeiden. Das Briefing zum Dienstbeginn wird etliche Male durch ein Team-TimeOut oder SpeakUp unterbrochen. Der Fahrzeug-Check endet meist nach einem 10-für-10 in einer mentalen Simulation. Statt SAMPLER arbeiten Menschen der Typs CRM-Fan mit FORDEC und ohne grüne Kügelchen geht schon mal gar nichts!

Nach jedem noch so kleinen Ereignis wird gnadenlose Selbstoffenbarung eingefordert; Gespräche beginnen bei CRM-Fans grundsätzlich mit einem „Wie-fühlst-Du-Dich?", weil Team-Resilienz und Mental Health eben sehr wichtig sind. Selbst Fehleinsätze werden intensiv nachbesprochen und die Ergebnisse der Root-Cause-Analysis umgehend ins CIRS eingetragen, um den Prozess des „Continous Quality Improvement" aktiv zu unterstützen.

Weichei

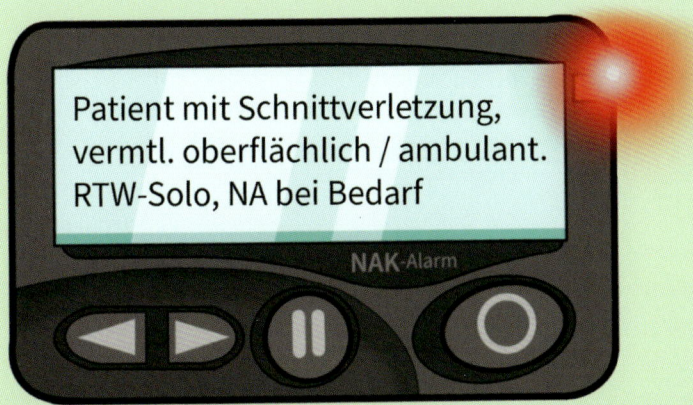

80   Verwählt

Typ 4: Rookie

Inspiriert durch zum Teil fragwürdige TV-Formate findet Typ Rookie nach dem Schulabschluss den Weg in den Rettungsdienst. Obwohl noch komplett grün hinter den Ohren ist doch das Gefühl der unbezwingbaren Berufung, Schmerzen zu lindern, Blutungen zu stoppen und ein Mittel gegen Krebs zu finden, vorhanden. Seitdem arbeiten Menschen dieses Typs sich daher voller Ehrgeiz und Tatendrang durch das ABCDE, üben das Nähen von Platzwunden an Aprikosen und sind immer in der Nähe eines Funkgerätes, um nichts zu verpassen.

Die Praxisanleitenden werden mit Fragen zum Citratzyklus, der Notwendigkeit von Flächendesinfektion und dem NotSanG §13 (1) regelmäßig in den Wahnsinn getrieben. Daher gehört es leider zu den regelmäßigen Aufgaben, Blaulichtwasser nachzufüllen oder im Lager nach AV- Blöcken zu suchen.

Typ 9: Luftrettung

In den Adern fließt Kerosin und beim Wetterbericht interessiert nur die Wolkenuntergrenze. Als Luftretter:in bildet man die Speerspitze der präklinischen Notfallmedizin, man ist die Elite der nichtpolizeilichen Gefahrenabwehr. Hinter kryptischen Abkürzungen wie TC-HEMS (JAR-OPS) , ACRM und den IFR verbirgt sich geballte Kompetenz. Hier wird die Höhe in „Fuß", Richtung in „Grad" und Strecke in „Meilen" angegeben.

Die Endgegner:innen sind Sunset, Chip-Warnings und Patientinnen und Patienten über 150 kg Körpergewicht. Manche von ihnen hängen lässig im Seil, andere tragen zu später Stunde stylische BIV-Brillen, aber ihr Motto lautet stets: „Alles Gute kommt von oben".

Denn mit über 1000 PS und 250 km/h sind rote Ampeln, Gewässer und Berge ziemlich egal. Ein diskreter Auftritt gelingt den Luftretter:innen allerdings selten und meist machen sie auch nach der Landung noch viel Lärm, Dreck und heiße Luft.

Fahrstuhl

Pizza Margherita

Grübeltäter

93 Follower

95 B-Positive

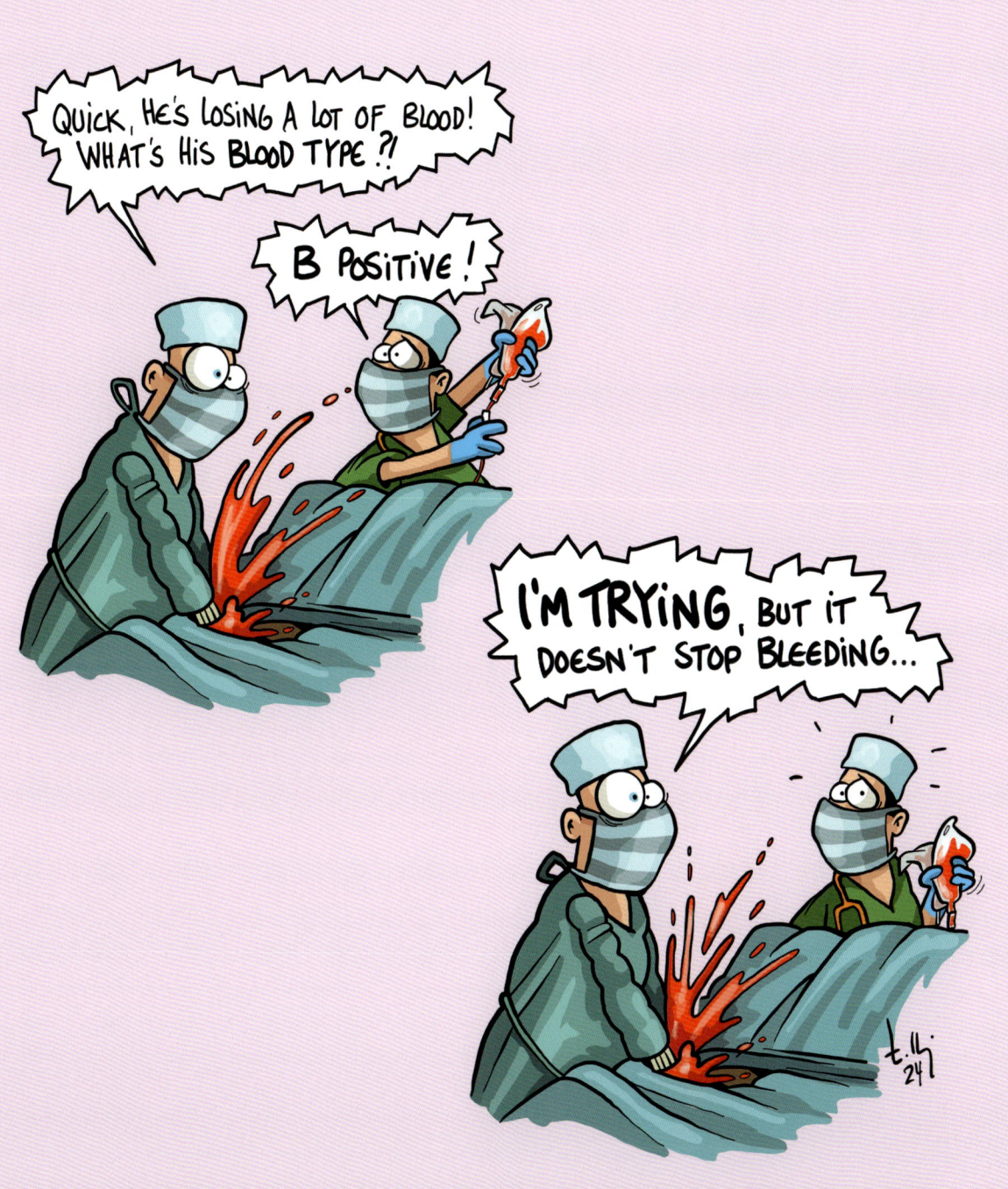

Gedächtnisverlust

Typ 12: Die Bergrettung

Sie heißen Hansi oder Heidi und haben sowohl im Sommer als auch im Winter reichlich zu tun. Die Berge werden von Touristen meist unterschätzt und so erreichen viele auf 2.000 Höhenmetern nicht nur die Tagesetappe, sondern auch ihre körperliche Leistungsgrenze. Die Bergrettung kommt, wenn wieder mal jemand auf dem Snowboard gegen die Pistenraupe geballert ist oder mit dem Mountainbike „die Abkürzung" genommen hat. Mit Gletscherspalten, Lawinen und Seilen kennen Menschen dieses Typs sich aus und die lokale Topografie ist ihr Wohnzimmer.

Extrem trainiert trotzen Bergretter:innen willensstark jeder Witterung. Und wenn wieder mal eine Wandergruppe auf Flipflops oberhalb der Vegetationsgrenze gesucht wird, lassen sie sich vom Heli auch in unwegsames Gelände abseilen. Talwärts geht es mit dem Akia, einem Quad oder Huckepack — runter kommen sie immer. Und spätestens dort gibt es dann eine deftige Haxe, Kaiserschmarrn und ein kaltes Almdudler.

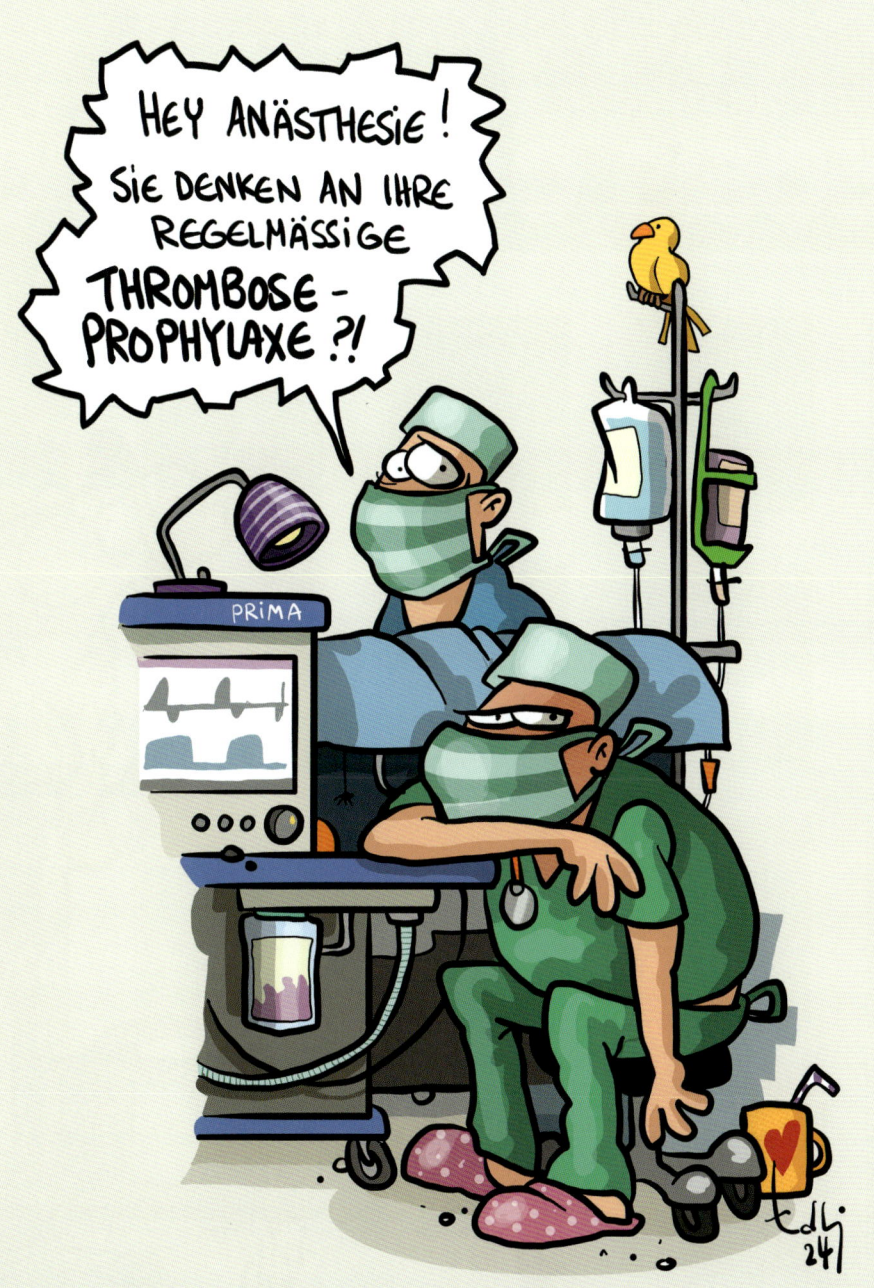

CARTOONBUCH
die dosis cartoonliebe.

CARTOONBUCH
eins
vergriffen

CARTOONBUCH
zwo

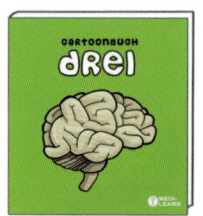

CARTOONBUCH
drei

CARTOONBUCH
vier

CARTOONBUCH
fünf

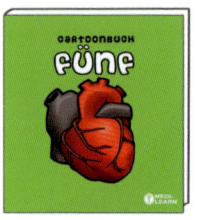

CARTOONBUCH
sechs

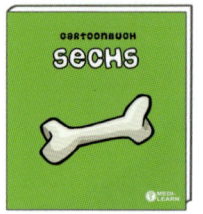

CARTOONBUCH
sieben

CARTOONBUCH
acht

CARTOONBUCH
neun

vergriffen

CARTOONBUCH
zehn

CARTOONBUCH
11

CARTOONBUCH
12

CARTOONBUCH
13

CARTOONBUCH
14

VIEL MEHR CARTOONS AUF
www.medi-learn.de/cartoons